# ASSOCIATION FRANÇAISE

## POUR L'AVANCEMENT DES SCIENCES

———

# Congrès de Nancy

———

## *EXCURSIONS*

———

NANCY

IMPRIMERIE BERGER-LEVRAULT ET Cie

11, RUE JEAN-LAMOUR, 11

—

1886

# CONGRÈS DE NANCY

---

## I. — VISITE INDUSTRIELLE

### Samedi 14 août

## LA VERRERIE DE PORTIEUX

---

Départ de *Nancy*, par le train ordinaire de 1 h. 29 m., soir. — Arrivée à *Charmes* : 2 h. 29 m., soir. — En train spécial, de *Charmes* à la *verrerie de Portieux*, où l'on arrivera à *3 heures*.
Départ de la *verrerie de Portieux*, à 5 h. 31 m., soir, en train spécial. — *Retour à Nancy*, à 7 h. 16 m. du soir.

Fondée en 1705, la *Verrerie de Portieux* est aujourd'hui une des plus grandes usines de France ; elle est au verre ce que Baccarat est au cristal.

La halle mesure 134 mètres de long sur 21 mètres de large et contient 4 grands fours Siemens à 12 pots ; la taillerie seule occupe 300 ouvriers ; il y a des ateliers de décors, gravure, etc., etc.

La surface bâtie (pour la seule usine) représente

2 hect. 60 ares; trois millions ont été employés à ces constructions.

820 ouvriers travaillent dans cette usine; tous les jours, on fabrique 38,000 pièces; cette production étant répartie sur 8,000 modèles !

Cette verrerie, entièrement refaite à neuf, contient tous les perfectionnements apportés à cette intéressante industrie; aussi, nous ne saurions trop engager les membres du Congrès à l'aller visiter.

Détails de la visite de l'usine :

1º Briqueterie et poterie réfractaire; fabrication des creusets.
2º Générateurs à gaz; régénérateurs et fours Siemens.
3º Ateliers de peinture, décor et guillochage du verre.
4º Tailleries et machines à vapeur.
5º Halles et chambres d'arches; soufflage, moulage et fabrication du verre en général.

Lunch offert par l'usine.

Localités importantes :

De *Nancy* à *Blainville* (23 kil.). Voir Excursion finale.

34 kil. — *Einvaux* (M.-et-Mos.) : 380 hab. — Faîte de séparation des vallées de la Meurthe et de la Moselle.

38 kil. — *Bayon* (M.-et-Mos.) : ch.-l. de canton; 970 hab. — Vins très estimés en Lorraine.

49 kil. — *Charmes* (Vosges) : ch.-l. de canton; 3,026 hab. — Entre *Bayon* et *Charmes*, se trouve, rive droite de la Moselle, le village de *Chamagne* (Vosges), où est né le peintre *Claude Gelée*.

54 kil. — *Portieux* (Vosges) : 1,480 hab. — Couvent très important, sœurs de la Providence, formant des institutrices.

58 kil. — *Verrerie de Portieux* (Vosges) : 1,210 hab.

---

## II. — EXCURSION GÉNÉRALE

### *Dimanche 15 août*

## TOUL. — MESSEIN. — TANTONVILLE

---

Départ de *Nancy* par le train ordinaire : 5 h. 38 m., matin. Arrivée à *Toul* : 6 h. 58 m., matin.

De *Toul* à *Messein* en bateau à vapeur (en passant par *Valcourt, Maron* et *Pont-Saint-Vincent*, où l'on déjeunera vers midi).

Départ de *Messein* par train spécial : 3 h. 52 m., soir. Arrivée à *Tantonville* : 4 h. 26 m., soir.

Départ de *Tantonville* : 7 heures, soir. Retour à *Nancy* : 7 h. 51 m., soir.

Toul : altitude moyenne de la ville, 210ᵐ; côte Saint-Michel, 380ᵐ; sous-préfecture; 10,000 hab., y compris la garnison. — Monuments : Cathédrale, cloître, église Saint-Gengoult. Place forte de premier ordre, l'une des plus importantes de l'Est de la France, entourée d'une enceinte qui date de Vauban et de nombreux forts construits depuis la guerre de 1870, sur les hauteurs voisines. Ces forts font de Toul le centre d'un vaste camp retranché. Casernes et bâtiments militaires. Croisement du canal de la Marne au Rhin et du canal de l'Est (Moselle canalisée). Peu d'industrie locale, mais navigation très active et ports de commerce sur les deux canaux.

Rive gauche : Valcourt, écart de Toul, 3 kil. ; Pierre-la-Treiche, 7 kil. ; 500 hab. Machines hydrauliques mises en mouvement par les chutes des barrages de la Moselle canalisée et servant à l'alimentation du canal de la Marne au Rhin. Volume journalier susceptible d'être envoyé dans le canal à 40 mètres de hauteur et 13 kilomètres de distance, 50,000 à 55,000 mètres cubes. Une partie de ces eaux est reprise ensuite par les machines à vapeur de Vacon et élevée de nouveau à 40 mètres de hauteur au bief de partage de Mauvages, point culminant du canal (faîte entre les bassins de la Meuse et de la Marne).

A Pierre-la-Treiche, grottes curieuses.

Rive droite : Villey-le-Sec, 11 kil. ; 566 hab. — Sur la hauteur, fort dépendant du camp retranché de Toul.

De Villey-le-Sec à Maron, vallée encaissée et pittoresque, dominée sur la rive droite par le plateau de Haye, vaste plateau boisé qui occupe tout l'espace compris entre Nancy, Frouard, Toul et Pont-Saint-Vincent (alt. variant entre 300ᵐ et 400ᵐ). La Moselle, dans cette partie de son cours, baigne le pied de la forêt et des coteaux. Trou-du-Géant. Mines de fer : embarquement de minerais.

Rive droite : Maron, 18 kil.; 670 hab.

Rive gauche : Sexey-aux-Forges, 20 kil. ; 500 hab.

Rive droite : Chaligny, 22 kil.; 845 hab.

Rive gauche : Pont-Saint-Vincent, 24 kil.; 1,846 hab. — Pont sur la Moselle, passage du chemin de fer de Nancy à Mirecourt. Fort très important sur la côte Sainte-Barbe qui domine toute la vallée. Confluent du Madon.

Rive droite, vis-à-vis Pont-Saint-Vincent : Neuves-Maisons; 1,017 hab. — Grand établissement métallurgique, appartenant à la Société dite des Forges de la haute Moselle. Port des forges et de transbordement avec le chemin de fer.

Rive droite : Messein, alt., 220ᵐ; 322 hab. — Mines de fer; exportation de minerai par chemin de fer et canal. Tous les coteaux de la rive droite renferment de vastes gisements de minerai de fer oolithique.

Usines hydrauliques de Messein, 28 kil. Les usines de Messein utilisent la chute combinée de deux écluses; elles élèvent les eaux destinées, d'une part à l'alimentation de la branche, dite de Nancy, du canal de l'Est (environ 25,000 mètres cubes par jour) et, d'autre part, à l'alimentation de la ville de Nancy (environ 22,          cubes par jour).

De Messein à Tantonville par chemin de fer. 18 kil.

Pont-Saint-Vincent, 2 kil. (voir ci-dessus).

Bainville-sur-Madon, 4 kil. ; 373 hab. — Lieu de naissance de Callot.

Xeuilley, 6 kil. ; 354 hab. — Fabrique de chaux hydraulique.

Ceintrey, 13 kil.; 669 hab.

Tantonville, 18 kil. ; 1,127 hab. — Grande brasserie, l'une des plus importantes de France, appartenant à MM. Tourtel. Production annuelle : environ 100,000 hectolitres de bière. Superficie totale du sous-sol, 20,000 mètres carrés. Tonnellerie. Fûts d'expédition, 42,000. Raccordement avec le chemin de fer. 35 wagons-glacières pour le transport des bières.

Retour de Tantonville à Nancy par chemin de fer. 32 kil.

## III. — EXCURSION GÉNÉRALE

### Mardi 17 août

## RAON-L'ÉTAPE. — DONON. — SENONES

Départ de *Nancy* par train spécial : 5 h. 25 m., matin.
Arrivée à *Raon-l'Étape* : 7 h. 10 m., matin.
En voiture de *Raon* au *Donon* (en passant par *Celles, La-*

*vigny*, où l'on déjeunera). Ascension du *Donon*, 45 minutes de marche.

Retour en voiture à *Senones* par la ferme du *Prayé* (dîner sous la tente) et *Moussey*.

Départ de *Senones* par train spécial : 8 h. 10 m., soir.

Retour à *Nancy :* 10 h. 46 m., soir.

Le Donon (alt., 1,010ᵐ), du celtique : *Dun*, est, par excellence, la montagne celtique de la chaîne vosgienne.

Aux temps de l'indépendance gauloise, il était le centre religieux de la région.

Les Romains, après la conquête, y élevèrent un temple dédié à Mercure. Les ruines en ont été conservées : partie a été placée dans un musée (petit temple grec à 12 colonnes) élevé au sommet de la montagne ; partie (sculptures sur les rochers environnants) a été transportée en pays resté français, au musée d'Épinal.

Le Donon, le mont Sainte-Odile, le ballon de Guebwiller, tous aujourd'hui en pays annexé par l'Allemagne, sont les témoins indestructibles de l'origine celtique des populations qui habitent le versant alsacien des Vosges.

A partir du Donon (vers le Nord), les Allemands se sont emparés des deux versants des Vosges.

Pendant longtemps, on a considéré (Dom Calmet entre autres) le Donon comme la montagne la plus élevée des Vosges : sa situation, son isolement, l'abaissement considérable de la crête en cette région, sa vue magnifique et très étendue, pouvaient, aux siècles passés, permettre cette illusion.

Par sa forme, ses souvenirs des cultes antiques, le Donon rappelle le Puy-de-Dôme, autre sommet consacré aux divinités gauloises, et plus tard, sous la domination romaine, à Mercure.

*De Nancy à Raon-l'Étape* en chemin de fer (voir Excursion finale).

*Raon-l'Étape* (Vosges) : ch.-l. de cant.; pop., 4,000 hab.; arrond. de Saint-Dié (alt., 285ᵐ).

On trouvera les voitures dans la cour de la gare.

Traversée de la *Meurthe*, de la *ville de Raon* ; à gauche, la route, qui remonte la vallée de *Celles* arrosée par *la Plaine* qui descend du *Donon*.

La route suit la rive gauche de la rivière :

3 kil. — *La Truche* : hameau, scieries (alt., 300ᵐ).

10 kil. — *Celles :* 1,576 hab. (alt., 316ᵐ).

16 kil. — *Allarmont :* 800 hab. (alt., 350ᵐ).

19 kil. — *Vexaincourt :* 500 hab. (alt., 376ᵐ).

21 kil. — *Luvigny :* 480 hab. (alt., 400ᵐ).

Déjeuner : kiche lorraine ; pâté lorrain ; vin gris de Lorraine.

23 kil. — *Raon-sur-Plaine :* 535 hab. (alt., 426ᵐ).

Depuis le hameau de la Truche, la rivière forme la limite entre les départements des Vosges et de la Meurthe.

Dès *Raon-sur-Plaine,* la route commence à s'élever :

25 kil. — Frontière.

Sommet du Donon.

Retour à la Plate-forme.

En voiture :

5 kil. — Col et maison forestière de *Prayé* (alt., 770<sup>m</sup>).

Dîner au *col de Prayé*.

En voiture :

Descente de la vallée du *Rabodeau*.

6 kil. — Scierie *des Chavons* (alt., 500<sup>m</sup>).

10 kil. — *Moussey* : 1,600 hab. (alt., 370<sup>m</sup>). — Filatures ; tissages de cotons.

14 kil. — La *Petite-Raon* : 1,050 hab. — Filatures ; tissages.

17 kil. — *Senones* : ch.-l. de canton ; arrond. de *Saint-Dié* ; 2,750 hab. (alt., 340<sup>m</sup>) ; terminus du chemin de fer d'Étival à Senones. — Ancienne abbaye (tombeau de Dom Calmet) ; ancien château des princes de Salm ; aujourd'hui transformés en usines.

Grandes fabriques ; filatures de coton, de laine ; tissages ; fabriques de fils, etc.

*Moyenmoutier.* — Ancienne abbaye, transformée en usine.

D'Étival (V. page 17) à Nancy, chemin de fer.

28 kil. — *Plate-forme* et *col du Donon* (alt., 737<sup>m</sup>).

De la *Plate-forme* au sommet du *Donon, à pied*. Temps de marche : *45 minutes*. (Excellent sentier ; pente faible.)

# IV. EXCURSION MÉDICALE

## *Mercredi 18 août*

## VITTEL ET CONTREXÉVILLE

———

Départ de *Nancy* par train spécial : 11 h. 44 m., matin.
  Arrivée à *Contrexéville* : 2 h. 07 m.
Départ de *Contrexéville* : 3 h. 55 m. — Arrivée à *Vittel* :
  4 h. 03 m.
Départ de *Vittel* : 8 h. 35 m. Arrivée à *Nancy* : 10 h. 48 m.

  *Vittel* (Vosges) : 1,326 hab. ; ch.-l. de canton.

  L'établissement de *Vittel* a été fondé, en 1854, par
M. L. Bouloumié.

  Il est aujourd'hui complètement transformé : ca-
sino, promenoirs, galeries, établissement de bains,
hôtels, salle à manger, chapelle, construits par
M. Ch. Garnier, architecte de l'Opéra.

  Les eaux de *Vittel* étaient connues des Romains ;
des colonnes, statues, etc., trouvées autour de l'em-
placement des sources, en font foi.

  Il y a quatre sources : *Grande Source ; Source Salée ;
Source Marie ; Source des Demoiselles.*

  Dîner à Vittel, offert par l'administration des eaux.

  *Contrexéville* (Vosges) : 723 hab.

  On ignore l'époque précise de la découverte des

sources de Contrexéville ; elles semblent n'avoir joui de quelque célébrité qu'au milieu du siècle dernier (1760).

Toutefois, le succès fut bien lent à s'affirmer, car en 1830, il n'y venait que 108 malades ; en 1836, ce chiffre ne dépassait pas 139 (Statistique des Vosges).

Il y a à Contrexéville : la *Source du Pavillon*, la *Souveraine*, la *Source Thiéry*.

---

## V. EXCURSION FINALE

### 20, 21 et 22 août

## MONTAGNES DES VOSGES

---

20 août. — Départ de *Nancy* par le train ordinaire : 6 h. 35 m., matin. Arrivée à *Lunéville* : 7 h. 35 m., matin.

Départ de *Lunéville* par train spécial : 9 h. 08 m., matin. Arrivée à *Saint-Dié* : 10 h. 25 m., matin. (Déjeuner.)

Départ de *Saint-Dié* : 2 h. 45 m., soir. Arrivée à *Gérardmer* : 4 h., soir. (Dîner et coucher.)

21 août. — De *Gérardmer* en voiture : 5 h, matin. Arrivée à la *Schlucht* : 9 h., matin. (Déjeuner).

Départ de la *Schlucht* vers 10 heures. Arrivée à *Cornimont* : 2 heures.

Départ de *Cornimont* en chemin de fer par train spécial :
2 h. 23 m., soir. Arrivée à *Saint-Maurice :* 4 h. 12, soir.
De *Saint-Maurice* à *Bussang* en voiture : 1 h. (Dîner et
coucher.)

22 *août*. — Départ de Bussang en voiture : 5 h., matin.
Arrivée au sommet du ballon d'Alsace vers 9 h., matin.
(Déjeuner.) Descente sur *Saint-Maurice*.

Départ en chemin de fer par train spécial : 2 h. 36 m, soir.
Retour à *Nancy* : 6 h. 14 m., soir.

Cette excursion de trois jours permettra de visiter ce qui reste des Vosges à la France..... on
n'ira pas en Alsace..... Mais du col de la Schlucht,
du sommet du Ballon d'Alsace, l'excursionniste pourra
se faire une idée du merveilleux pays qui nous a été
enlevé.....

Les organisateurs de cette excursion, demandent
toute l'indulgence de leurs collègues pour les *deside-
rata* qui pourraient se produire, les Vosges étant très
fréquentées au mois d'août.

Toutefois, grâce à la bonne volonté qu'ils ont ren-
contrée chez les habitants des régions à visiter, les
organisateurs espèrent surmonter toutes les difficultés
et ne pas être obligés de limiter le nombre des excursionnistes.

Ils recommandent enfin, aux membres du Congrès *qui voudraient visiter isolément* cette belle région des Vosges, de ne pas se mettre en route aux
jours indiqués pour l'excursion finale; car, ils cour-

raient le risque de ne trouver ni voitures, ni loge-
ments.

A ce sujet, ces derniers trouveront à la gare de
Nancy des billets circulaires, valables pendant huit
jours, qui leur permettront de s'arrêter à tous les
points intéressants.

*Vendredi 20 août*

Description sommaire du trajet en chemin de fer de Nancy à Lunéville.

| A GAUCHE. (Les noms en *italiques* sont ceux des stations.) | DISTANCES de Nancy. | | A DROITE. (Les noms en *italiques* sont ceux des stations.) |
|---|---|---|---|
| | kil. | kil. | |
| Hauts-fourneaux de Jarville. On traverse la Meurthe (pont-canal). | | 3 | *Jarville.* — Bifurcation de la ligne de Mescein, Tantonville, Vittel et Contrexéville. |
| *Varangéville.* — Salines Daguin et autres. Canal de la Marne au Rhin. | 13 | 13 | *Saint-Nicolas-du-Port* (sur la Meurthe R. G.). — Autrefois une des villes les plus peuplées de la Lorraine. Il y avait des foires très importantes. Église remarquable commencée en 1481, terminée en 1551. Style ogival flamboyant, dédiée à Saint-Nicolas, patron de la Lorraine. |
| *Dombasle.* — Usines Solvay et Cie (fabriques de soude). | 16 | | Usines Solvay et Cie (fabriques de soude). |
| Salines. | 18 | 18 | *Rosières-aux-Salines.* |
| | 23 | 23 | *Blainville.* — Bifurcation de la ligne d'Épinal; verrerie de Portieux. Grande Mature. |
| *Mont-sur-Meurthe.* | 27 | 27 | |
| *Lunéville.* | 33 | 33 | *Lunéville.* |

Lunéville (M.-et-Mos.) : ch.-l. d'arrond.; popul., 18,300 hab. — Les ducs de Lorraine ont fort affectionné Lunéville et lui ont donné une certaine importance. Le château actuel fut construit par le duc Léopold (XVIII^e siècle), c'était une véritable résidence royale.

Les restes du jardin forment aujourd'hui le Bosquet. — Champ de Mars. — Garnison de cavalerie très importante. — Église Saint-Jacques. — Musée cantonal. — Visite industrielle aux *Faïenceries* de MM. Keller et Guérin, créées au siècle dernier.

De Lunéville à *Saint-Dié*, on voit :

| A GAUCHE. (Les noms en *italiques* sont ceux des stations.) | DISTANCES de Nancy. | | A DROITE. (Les noms en *italiques* sont ceux des stations.) |
|---|---|---|---|
| | kil. | kil. | |
| On remonte la rive droite de la Meurthe. | 44 | 44 | *Saint-Clément.* — Faïencerie. |
| | | 49 | *Ménil-Flin.* |
| | | 52 | *Azerailles.* |
| Bifurcation de la ligne de Badonviller. | | 58 | *Baccarat* (ch.-l. de canton). — Cristallerie fondée sous le nom de Sainte-Anne en 1764, par l'évêque de Metz (Baccarat faisait partie, avant la Révolution, du temporel de l'évêché de Metz), qui avait pris pour directeur et associé le sieur Renaut. C'est à celui-ci que la nouvelle usine dut ses premiers succès. |
| On traverse la Meurthe. Deux haltes entre Baccarat et Raon : *Bertrichamp* et *Thiaville*. | | | Au-dessus de Baccarat, s'élève Deneuvre, ancienne place forte qui appartenait aux ducs de Lorraine. |
| *Raon-l'Étape* (ch.-l. de canton ; R. D. de la Meurthe ; 4,000 hab.). — Usines nombreuses. Route du Donon. | 67 | 67 | *La Neuveville* (1,833 hab.; R. G. de la Meurthe qui sépare la Neuveville de Raon. — Usines. |
| On traverse la Meurthe. Bifurcation de la ligne de Moyenmoutier-Senones. — *On reviendra par cette ligne de l'excursion de Donon.* | 72 | 72 | *Étival.* — Ancienne abbaye; grande papeterie (2,468 hab.). |
| On traverse la Meurthe. | | 77 | *Saint-Michel.* |
| *Saint-Dié.* | 84 | 84 | *Saint-Dié.* |

*Saint-Dié* (Vosges) : alt., 343ᵐ ; pop., 15,342 hab. ; chef.-l. d'arrond. — Incendiée en 1757 ; fut rebâtie sur un type uniforme par Stanislas.

Cathédrale. — *Petite église* (roman primitif ; très intéressante à visiter, ainsi que le cloître).

Musée de la *Société philomathique.* — Bibliothèque. — Nombreuses usines : filatures, tissage, scieries, tuileries.

Excursions très intéressantes aux environs.

On déjeunera à Saint-Dié.

Sur le parcours de Saint-Dié à Gérardmer, on remarque :

| A GAUCHE. (Les noms en *italiques* sont ceux des stations.) | DISTANCES de Nancy. | | A DROITE. (Les noms en *italiques* sont ceux des stations.) |
|---|---|---|---|
| | kil. | kil. | |
| *Saulcy* (alt., 393ᵐ). | 89 | 89 | (1,224 hab.). — On suit la rive gauche de la Meurthe. |
| *Saint-Léonard* (alt., 420ᵐ). — Bifurcation de la ligne de Fraize. | 92 | 92 | On abandonne la vallée de la Meurthe. La ligne s'élève dans la montagne. Bellevue, tunnels, remblai de 45 mètres de haut. 3 tunnels (alt., 560ᵐ). |
| *Corcieux* (ch.-l. de canton ; 1,585 hab.). — On descend la vallée du Neuné qui fournit les perles, dites perles de la Vologne. | 99 | 99 | *Vanemont.* Trois stations : *La Houssière, Bifontaine* et *Lachapelle.* |
| *Laveline* (alt., 445ᵐ). — Dont les habitants furent anoblis d'un bloc par le duc de Lorraine René, en souvenir d'un fait d'armes accompli par eux (xvᵉ siècle). | 110 | 110 | Bifurcation de la ligne de Gérardmer. On abandonne la vallée du Neuné, dont les eaux se joignent à celles de la Vologne venue de Gérardmer et des Lacs. |

| A GAUCHE. (Les noms en *italiques* sont ceux des stations.) | DISTANCES de Nancy. | | A DROITE. (Les doms en *italiques* sont ceux des stations.) |
|---|---|---|---|
| | kil. | kil. | |
| On franchit la Neuné. — Tissage ; scieries. On franchit la Vologne. — Rive gauche. *La vue est plus belle du côté gauche.* — Papeteries ; scieries. | 116 | 116 | *Granges* (2,765 hab.). — Filatures, tissages. La vallée se retrécit. |
| *Kichompré.* — Tissage de toiles ; scieries. | 124 | 124 | |
| *Gérardmer.* | 128 | 128 | |

*Gérardmer* (Vosges) : alt., 671ᵐ ; ch.-l. de canton ; 6,775 hab. — Grand commerce de toiles. — Tissages de toiles. — Fabrique de boissellerie. — Commerce important de bois et de fromages, établissement hydrothérapique.

Lac : longueur, 2ᵏ,500ᵐ ; largeur, 800ᵐ ; alt. (plan d'eau moyen du lac), 660ᵐ.

Diner et coucher à Gérardmer.

---

### Samedi 21 août

---

Saut-des-Cuves ; alt., 693ᵐ.

Route de la Schlucht : *Lac Longemer* ; Roche-du-

Diable ; vue des lacs *Longemer* et *Retournemer* ; col de *la Schluchi*, alt., 1,150<sup>m</sup>.

*Déjeuner au chalet de la Schlucht.*

Col des *Feignes-sous-Vologne* (alt., 880<sup>m</sup>). — Vallée des Feignes-sous-Vologne : *La Bresse* ; alt., 629<sup>m</sup> ; 3,964 hab.

Nombreux tissages. — Scieries. — Filatures. — Vallée de la *Moselotte*. — Cornimont : 4,164 hab. filatures et tissages très importants.

On reprend le chemin de fer et on aperçoit :

| A GAUCHE.<br>(Les noms en *italiques* sont ceux des stations.) | DISTANCES<br>de Cornimont. | | A DROITE.<br>(Les noms en *italiques* sont ceux des stations.) |
|---|---|---|---|
| | kil. | kil. | |
| La ligne suit la rive gauche de la *Moselotte*. | 5 | 5 | *Saulxures*. — Grandes usines de coton.<br>Alt., 464<sup>m</sup> ; 3,439 hab. |
| *La vue est surtout du côté droit*. | 9 | 9 | *Thiéfosse* (690 hab.), usines. |
| Grandes usines de coton. | | 12 | *Zainvillers*. |
| *Très pittoresque, entre Thiéfosse et Vagney*. | | 14 | *Vagney* (3,251 hab.). |
| *Regarder à droite*. | | 17 | *Saint-Amé* (1,051 hab.). |
| On joint la vallée de la *Moselle*. On traverse cette rivière. | | 18 | *Dommartin* (1,188). |
| | | 24 | *Remiremont*. |

*Remiremont* (alt., 390<sup>m</sup> ; 8,126 hab.). — Dominé par le fort du *Parmont* (alt., 613<sup>m</sup>). — Ancien couvent célèbre. — Église renfermant une crypte du

XIe siècle. — Mairie (autrefois palais abbatial). — Très belles excursions aux environs. — Filatures importantes.

Enfin, la voie ferrée passe entre les localités suivantes :

| A GAUCHE. (Les noms en *italiques* sont ceux des stations.) | DISTANCES de Cornimont. | | A DROITE. (Les noms en *italiques* sont ceux des stations.) |
|---|---|---|---|
| | kil. | kil. | |
| *Vécoux.* | 5 | 5 | Alt., 405ᵐ. |
| Alt., 414ᵐ. | | 8 | *Maxonchamps.* |
| *Rupt.* | | 12 | Fort (alt., 426). |
| *Ferdrupt.* | | 16 | Alt., 455ᵐ. |
| *Ramonchamps.* | | 19 | Alt., 474ᵐ. |
| *Le Thillot.* | | 22 | Alt., 494ᵐ. — Fort du Château-Lambert. |
| *Saint-Maurice.* | | 28 | Alt., 550ᵐ. — Saint-Maurice (2,475 hab.). — *A droite : Ballon de Servance (alt., 1,189ᵐ) — Fort au sommet. En face : Ballon d'Alsace (alt. 1,256ᵐ).* |
| Le chemin de fer, depuis Remiremont, a remonté la Moselle. Sur la rive droite d'abord, sur la rive gauche ensuite. | | | |

Le trajet (4 kil.) de Saint-Maurice à *Bussang* et aux sources minérales de *Bussang* (3 kil), se fait en une heure environ.

La route traverse la *Moselle* en amont de Saint-Maurice; on suit la rive gauche jusque Bussang.

*Bussang* (alt., 624ᵐ; pop. : 2,409 hab.). — *Sources minérales de Bussang* (alt., 695ᵐ). — *Col de Bussang* (alt., 734ᵐ).

*Sources minérales de Bussang :* Établissement fondé en 1697, situé au fond de la vallée de la Moselle, à 200 mètres de la source de cette dernière rivière et à 1,500 mètres du col.

Magnifiquement encadré de hautes montagnes.

*Partie des excursionnistes logeront et dîneront à Bussang, village. — Partie à l'hôtel des Sources minérales.*

---

### Dimanche 22 août

---

*Ballon d'Alsace* (alt., 1,256$^m$). — La crête forme la nouvelle frontière. — Vue très étendue; une description en sera faite par les organisateurs de l'excursion. Il faut 15 minutes du point où s'arrêtent les voitures pour gagner le sommet.

On reprend les voitures pour aller déjeuner à 1 kil. plus loin, à l'*Hôtel du Ballon* Vue très belle sur la vallée de *Giromagny* et *Belfort.*

Descente *en voiture* à Saint-Maurice pour prendre un train qui ramènera les excursionnistes à Nancy en passant par Remiremont et Épinal.

---

OBSERVATIONS GÉNÉRALES. — Un itinéraire indi-
quant les heures de départ et d'arrivée, le prix des
diverses excursions, sera publié en temps utile, ainsi
que cela s'est toujours fait aux congrès précédents.

MM. les excursionnistes sont priés d'emporter le
*moins de bagages possible*. Une grande partie de l'excursion devant se faire en voiture, autant que possible en break, il serait difficile de trouver place pour
des bagages trop encombrants.

MM. les excursionnistes qui voudraient aller au
Hoheneck (alt., 1,366$^m$; 4 kil. sud de la Schlucht),
sont priés d'en avertir les organisateurs. Dans ce cas,
ils iraient, le *soir de la première journée*, coucher à
la Schlucht et retrouveraient leurs collègues le len-
demain.

Même observation pour le Ballon d'Alsace.

Il sera essentiel de prévenir les organisateurs au
*moins deux jours à l'avance*.

M. Fournier, membre de l'association et président
de la *Section d'Épinal* (Vosges) *du Club Alpin français*, se chargera de donner tous les renseignements
(excursions, adresses d'hôtels, etc.) aux membres du
Congrès qui voudraient faire dans les Vosges fran-
çaises et alsaciennes une *excursion isolée* ou *en petits
groupes*.

Nancy, impr. Berger-Levrault et Cie.

www.ingramcontent.com/pod-product-compliance
Lightning Source LLC
Chambersburg PA
CBHW072025290326
41934CB00011BA/2881